50 Leichte Klassische Gitarrenstücke

Zusammengestellt und herausgegeben von

Dmitrijs Volkovs

Zugang zu Online-Audio
https://esmistudio.com/guitarbook1.zip

Copyright © 2025 Dmitrijs Volkovs

ISBN: **978-1-7641097-8-9**

INHALT

1 Komponisten der Renaissance

3 What if a day, or a month, or a year *(Anonym)*
4 Branle anglaise *(Emmanuel Adriansen)*
5 Canary dance *(Anonym)*
6 Greensleeves *(Anonym)*
7 Pavane *(Anonym)*
9 Allemande *(Anonym)*
10 Pezzo Tedesco *(Anonym)*
11 Toy *(Francis Cutting)*
12 Packington's Pound *(Francis Cutting)*
14 Mr. Dowland's Midnight *(John Dowland)*
15 Orlando Sleepeth *(John Dowland)*

15 Komponisten des Barock

20 Aria *(Henry Purcell)*
21 Paradetas *(Gaspar Sanz)*
22 Rujero *(Gaspar Sanz)*
23 Bourree *(Johann Krieger)*
24 Gigue *(Johann Anton Logy)*
25 Bourree *(Leopold Mozart)*
26 Menuet *(Johann Christoph Friederich Bach)*
27 Menuet *(Johann Krieger)*
29 Menuet *(Robert de Visée)*
30 Menuet *(Silvius Leopold Weiss)*
31 Españoleta *(Gaspar Sanz)*
34 Menuet in G *(Johann Sebastian Bach)*
36 Gigue *(Giuseppe Antonio Brescianello)*
40 Bourrée - *Suite in D minor (Robert de Visée)*

41 Komponisten der Klassik

44 Andante 1 *(Ferdinando Carulli)*
46 Andante in C *(Fernando Sor)*
47 Andante *(Fernando Sor)*
48 Andantino *(Ferdinando Carulli)*
50 Andantino 2 *(Ferdinando Carulli)*
51 Ecossaise *(Mauro Giuliani)*
52 Allegro *(Mauro Giuliani)*
53 Etude A minor *(Dionisio AGUADO)*
54 Menuet in A minor *(Dionisio Aguado)*
55 Walz *(Dionisio Aguado)*
56 Waltz *(Ferdinando Carulli)*
58 Moderato *(Anton Diabelli)*
59 Andante 2 *(Ferdinando Carulli)*
62 Etude No.9 op.35 *(Fernando Sor)*

65 Komponisten der Romantik

68 Allegretto *(Matteo Carcassi)*
70 Allegretto 2 *(Matteo Carcassi)*
72 Andantino *(Matteo Carcassi)*
74 Study in A minor *(Napoleon Coste)*
75 Etude *(Francisco Tarrega)*
77 Etude in G *(Johann Kaspar Mertz)*
78 Ländler *(Johann Kaspar Mertz)*
80 Lagrima *(Francisco Tarrega)*
82 Pastoral *(Matteo Carcassi)*
84 Romance *(Johann Kaspar Mertz)*
86 Study in A minor *(Matteo Carcassi)*

Komponisten der Renaissance

Anonym

Die Renaissance (was so viel wie „Wiedergeburt" oder „Wiederbelebung" bedeutet) begann um 1400 und endete Anfang des 17. Jahrhunderts. Die Musiker und Künstler der Renaissance orientierten sich an klassischen Vorbildern und leiteten damit eine neue Ära künstlerischen Wachstums ein. Mit der Erfindung des Buchdrucks wurde Musik der Öffentlichkeit zugänglicher als je zuvor.

John Dowland (1563-1626)

John Dowland war ein englischer Komponist, Lautenist und Sänger der Renaissance. Heute ist er vor allem für seine melancholischen Lieder wie „Come, heavy sleep", „Come again", „Flow my tears", „I saw my Lady weepe" und „In darkness let me dwell" bekannt. Seine Instrumentalmusik erlebte jedoch eine große Renaissance und ist seit der Wiederbelebung der Alten Musik im 20. Jahrhundert eine fortwährende Quelle des Repertoires für Lautenisten und klassische Gitarristen.

Francis Cutting (c.1550–1595/6)

Francis Cutting war ein englischer Lautenist und Komponist der Renaissance. Renaissancemusik ist europäische Musik, die während der Renaissance geschrieben wurde. Den Beginn dieser musikalischen Ära zu definieren, ist schwierig, da die Merkmale der „Renaissance" allmählich übernommen wurden: Musikwissenschaftler haben ihre Anfänge auf die Zeit um 1300 bis hin zu den 1470er Jahren datiert.

What if a day, or a month, or a year.

Traditional (XVI century)

Branle anglais

Emmanuel Adriansen (1550-1604)

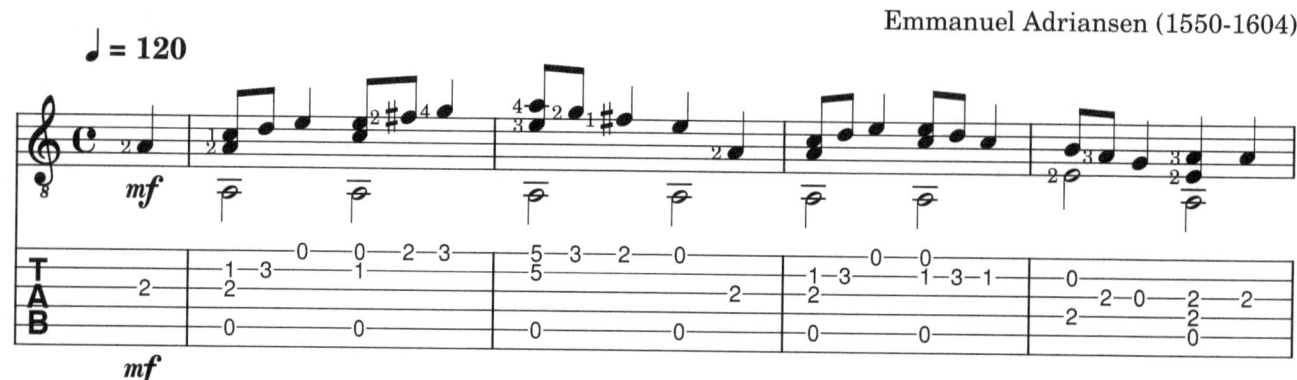

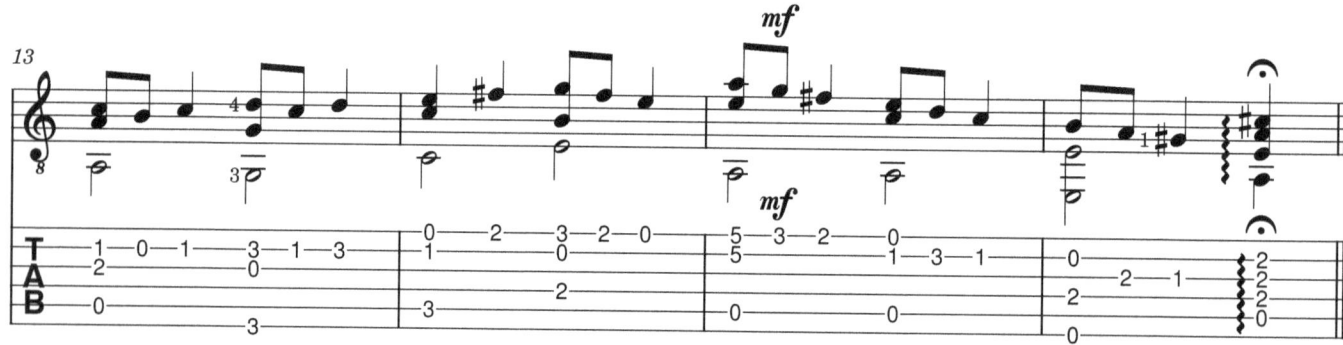

Canary dance

Anonymous (XVIII century)

Greensleeves

16th century English Traditional

Pavane

Anonymous (XVI century)

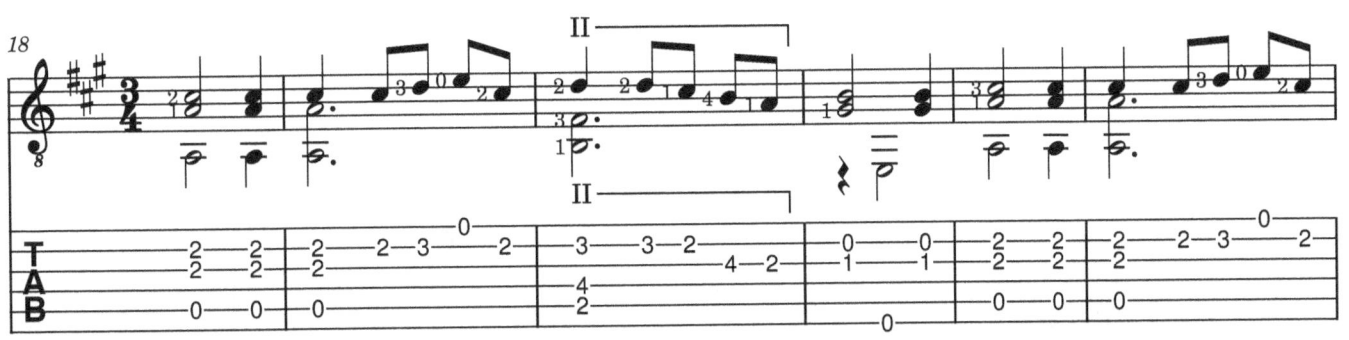

Allemande

Anonymous XVI century

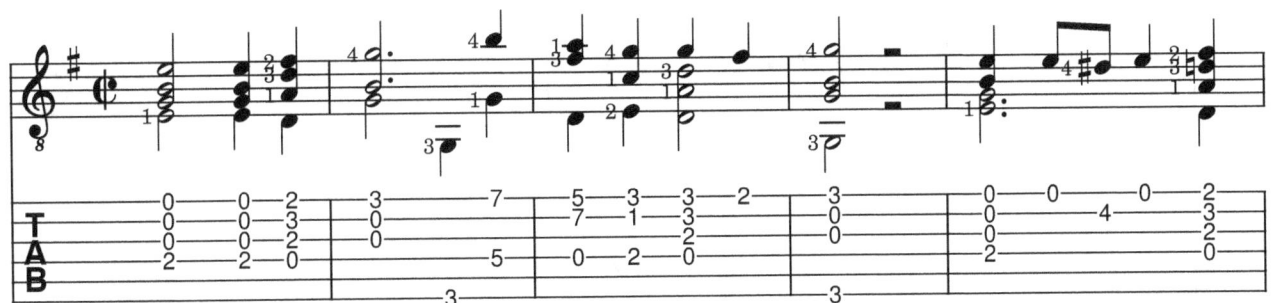

Pezzo Tedesco

Anonymous 16th century

Toy

Francis Cutting (ca.1550-1595/1596)

Packington's Pound

Francis Cutting
(ca.1550-1595/1596)

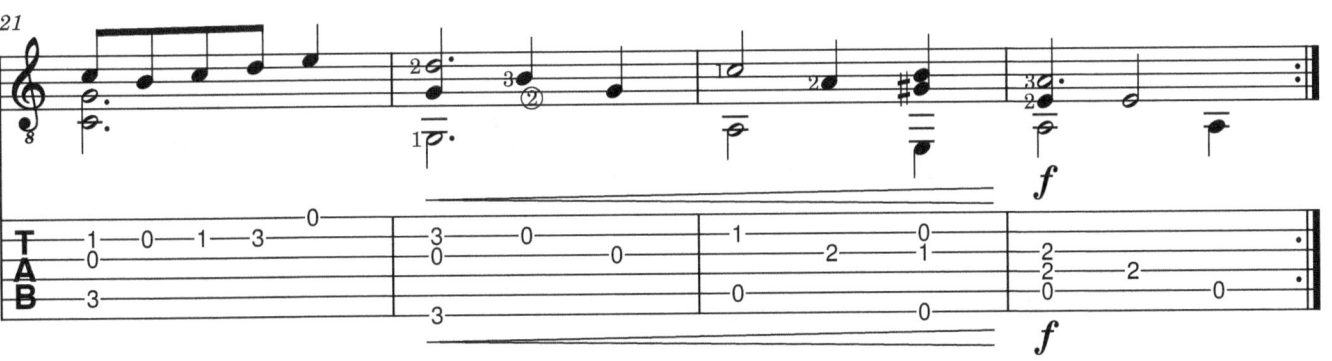

Mr. Dowland's Midnight

John Dowland (1563-162?)

Orlando Sleepeth

John Dowland (1561-1626)

Komponisten des Barock

Henry Purcell (1659-1695)

Henry Purcell war ein englischer Organist und Barockkomponist weltlicher und geistlicher Musik. Obwohl Purcell italienische und französische Stilelemente in seine Kompositionen einfließen ließ, war sein Erbe eine typisch englische Form der Barockmusik.

Gaspar Sanz (1640-1710)

Gaspar Sanz war ein aragonesischer Komponist, Gitarrist, Organist und Priester, der in eine wohlhabende Familie in Calanda in der spanischen Comarca Bajo Aragón geboren wurde. Er studierte Musik, Theologie und Philosophie an der Universität von Salamanca, wo er später zum Professor für Musik ernannt wurde.

Johann Krieger (1651-1735)

Kriegers Klaviermusik macht ihn zu einem der bedeutendsten deutschen Komponisten seiner Zeit. Die beiden veröffentlichten Sammlungen Sechs musicalische Partien (1697) und Anmuthige Clavier-Übung (1698) enthalten Cembalosuiten, Orgeltoccaten, Fugen, Ricercars und andere Werke. Kriegers Zeitgenossen lobten sein kontrapunktisches Können, das in den erhaltenen Fugen und Ricercars deutlich wird. Johann Mattheson war besonders beeindruckt von Kriegers Doppelfugen und bemerkte, dass er außer Händel niemanden kenne, der Krieger in dieser Form übertreffe. Händel selbst bewunderte und studierte Kriegers Werk und nahm sogar eine Ausgabe der Anmuthige Clavier-Übung mit nach England.

Johann Anton Logy (1645 – 1721)

Johann Anton Logy komponierte hauptsächlich Tanzsuiten. Logy beherrschte den französischen Lautenstil und seine erhaltenen Werke zeugen von seiner Intelligenz und seiner lebhaften Liebe zur Laute. Seine umfangreichen und äußerst kreativen Werke sind in verschiedenen Archiven verstreut.

Johann Georg Leopold Mozart (1719 –1787)

Johann Georg Leopold Mozart war ein deutscher Komponist, Dirigent, Lehrer und Violinist. Mozart ist heute vor allem als Vater und Lehrer von Wolfgang Amadeus Mozart und für sein Violinlehrbuch Versuch bekannt.

Robert de Visee (1655 – 1732)

Robert de Visée war Lautenist, Gitarrist, Theorbist und Gambenspieler am Hof von Ludwig XIV., außerdem Sänger und Komponist für Laute, Theorbe und Gitarre. Robert de Visées Herkunft ist unbekannt, obwohl eine portugiesische Herkunft seines Nachnamens vermutet wurde. Visée veröffentlichte zwei Bücher mit Gitarrenmusik, die insgesamt zwölf Suiten sowie einige Einzelstücke enthielten.

Silvius Leopold Weiss (1687-1750)

Silvius Leopold Weiss war ein deutscher Komponist und Lautenist. Weiss war einer der bedeutendsten und produktivsten Komponisten von Lautenmusik in der Geschichte und einer der bekanntesten und technisch versiertesten Lautenisten seiner Zeit. Er schrieb rund 600 Stücke für Laute, die meisten davon in „Sonaten" oder Suiten zusammengefasst, die hauptsächlich aus barocken Tanzstücken bestehen.

Johann Sebastian Bach (1685-1750)

Johann Sebastian Bach war ein deutscher Komponist, Organist, Cembalist, Bratschist und Violinist, dessen geistliche und weltliche Werke für Chor, Orchester und Soloinstrumente die Stränge des Barock zusammenführten und zu seiner höchsten Reife führten.

Giuseppe Antonio Brescianello (1690-1758)

Giuseppe Antonio Brescianello war ein italienischer Komponist und Violinist des Barock. Er belebte das Musikleben in Stuttgart. Seine Zeitgenossen lobten seine Kammermusik. Die Musik von Brescianello zeigt ein großes Gespür für Melodie, tiefe harmonische Vorstellungskraft kombiniert mit starken rhythmischen Elementen, die so typisch für die italienische Schule dieser Zeit waren.

Aria

Henry Purcell (1659 - 1695)

Paradetas

Gaspar Sanz (1640-1710)

Rujero

Gaspar Sanz (1640-1710)

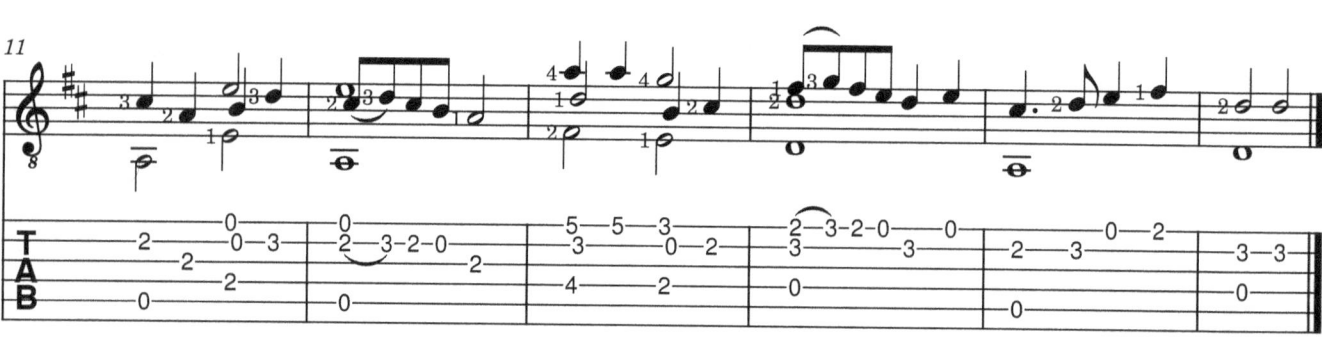

Bourrée

Johann Krieger (1651–1735)

Gigue

Johann Anton Logy (1650 - 1721)

Bourrée

Leopold Mozart (1719-1787)

Menuet

Johann Christoph Friederich Bach (1732-1795)

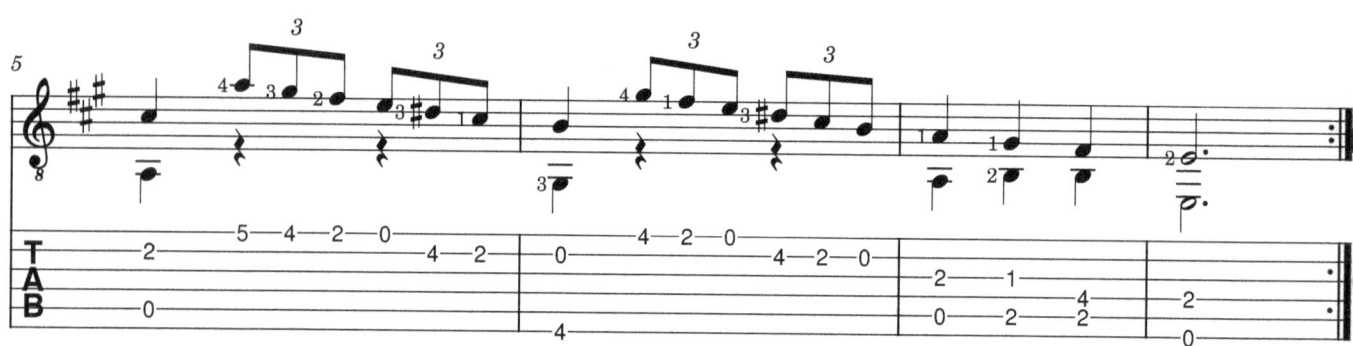

Menuet

Johann Krieger (1651–1735)

Menuet

Robert de Visée (1650-1725)

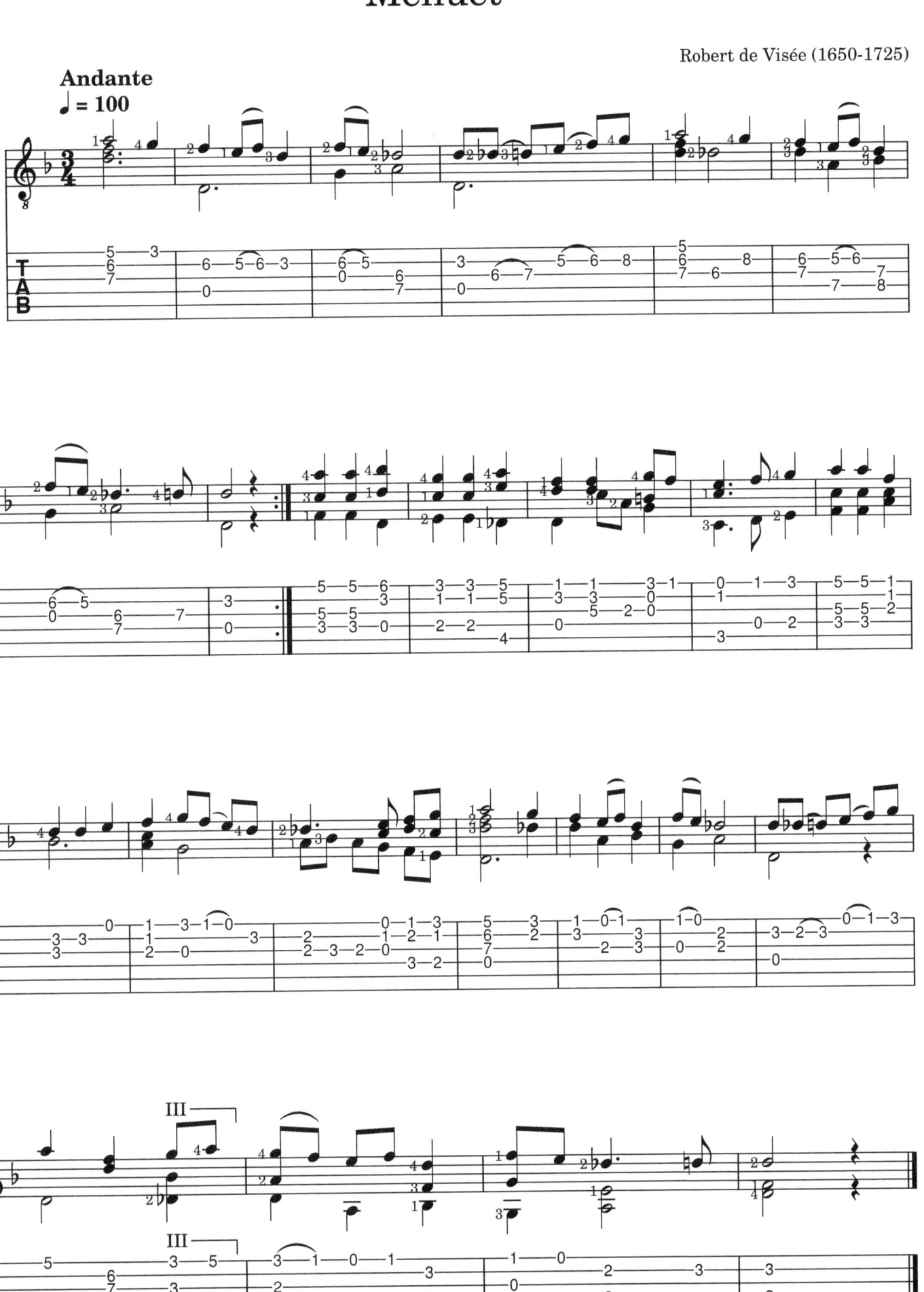

Menuet

Silvius Leopold Weiss (1687-1750)

Españoleta

Gaspar Sanz (1640-1710)

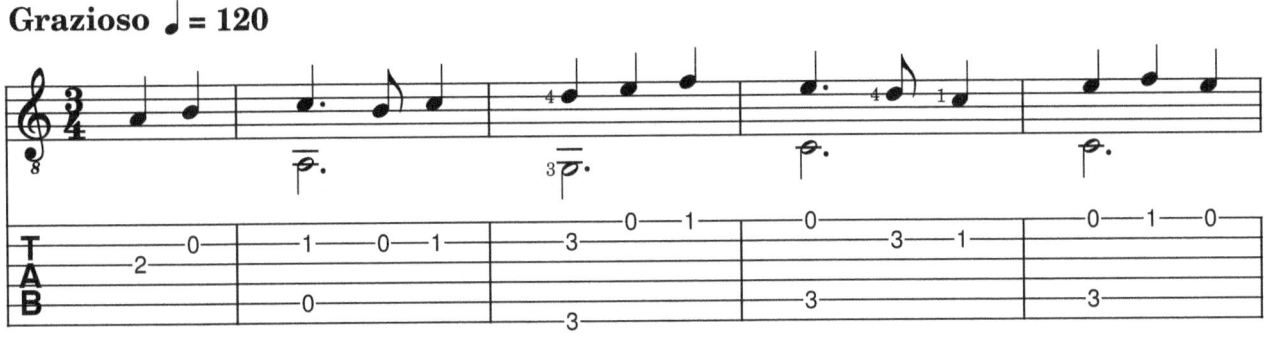
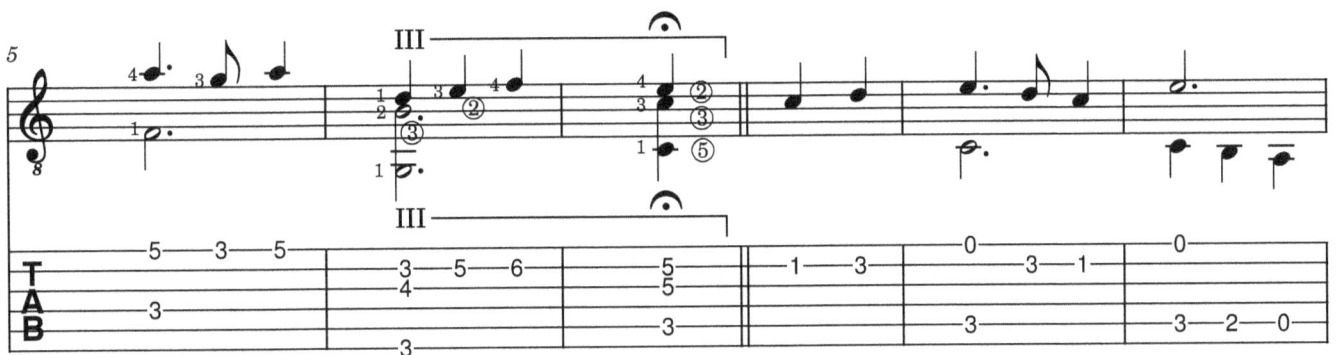

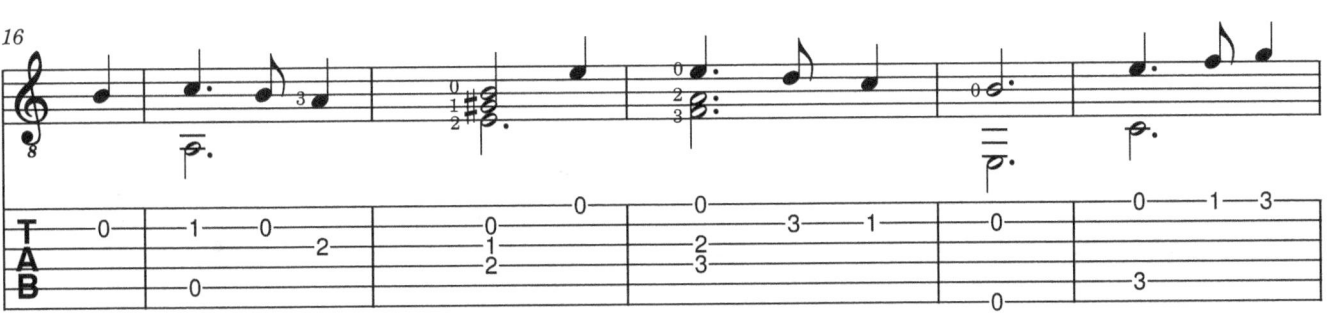

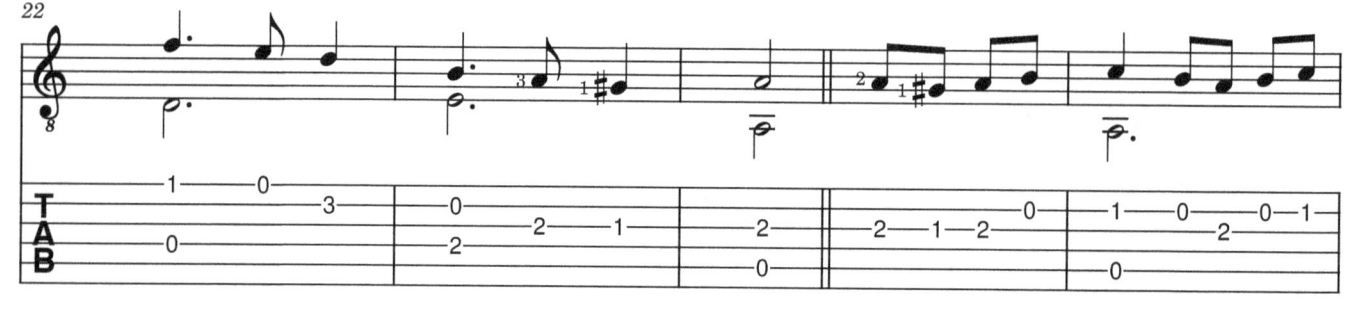

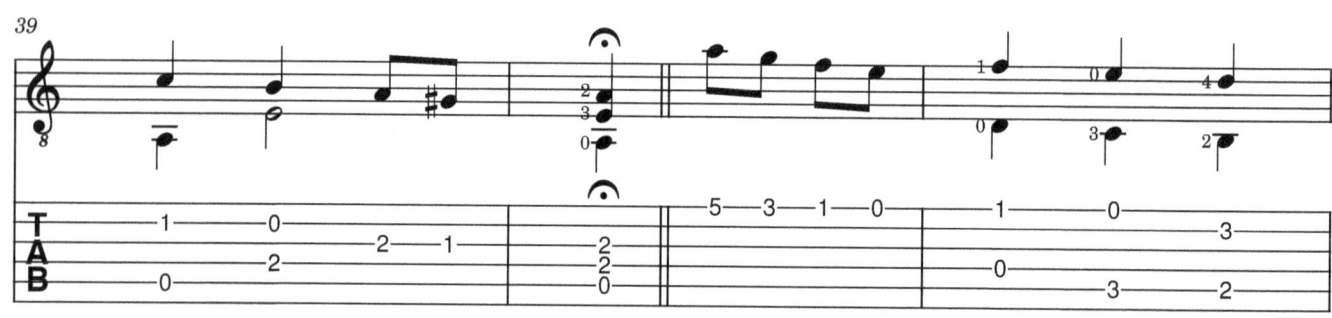

D.C. al Fine

Menuet in G

Johann Sebastian Bach (1685-1750) BWV Anh. 1

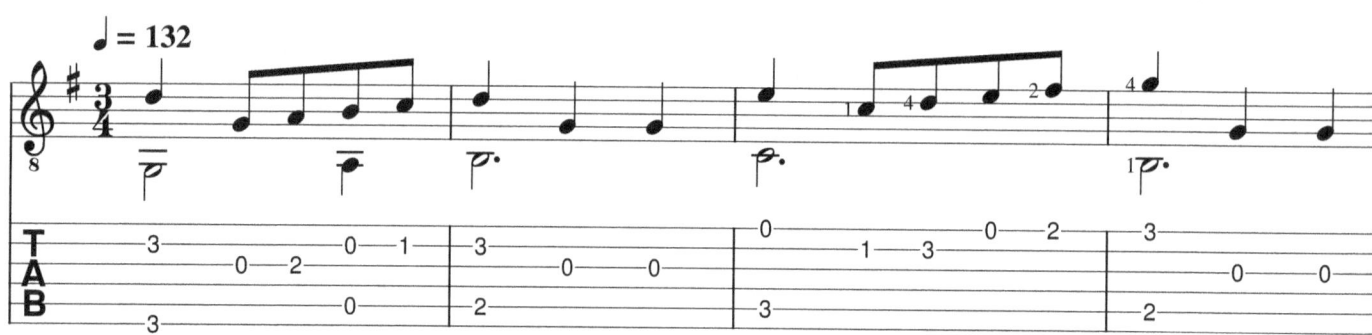

Gigue

Giuseppe Antonio Brescianello (1690-1758)

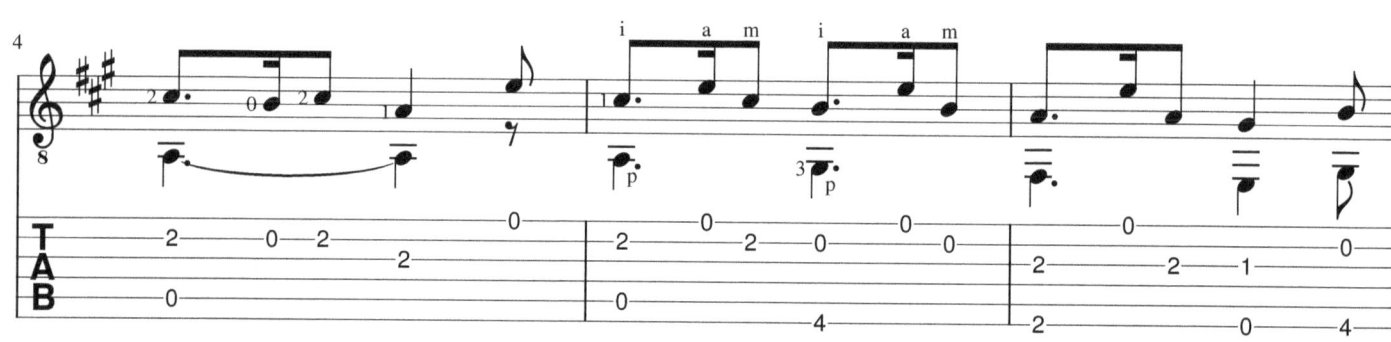

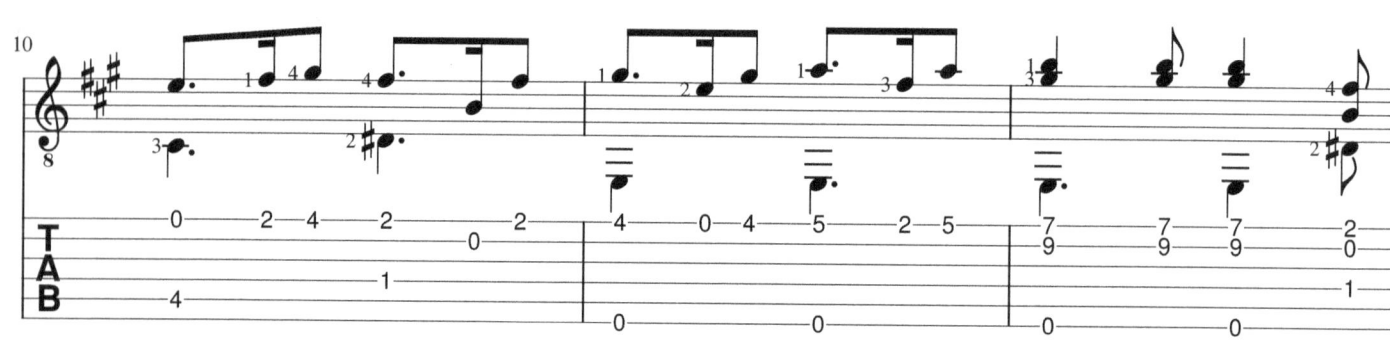

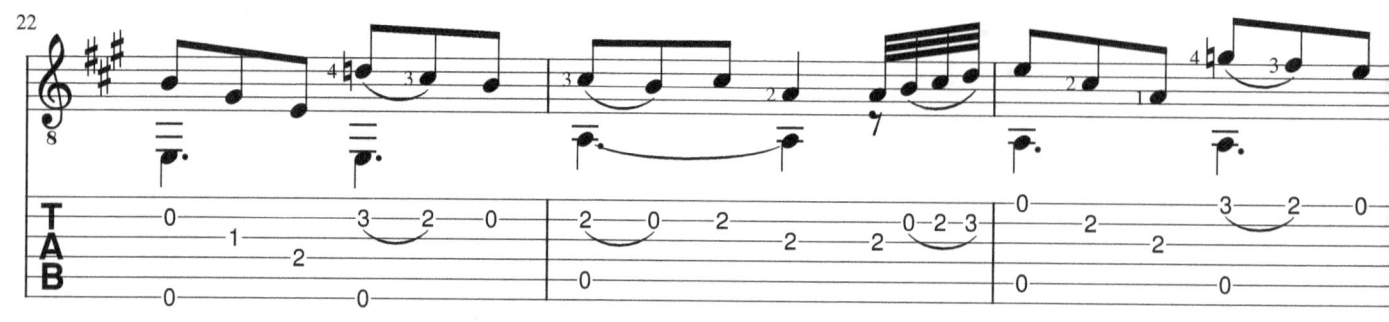

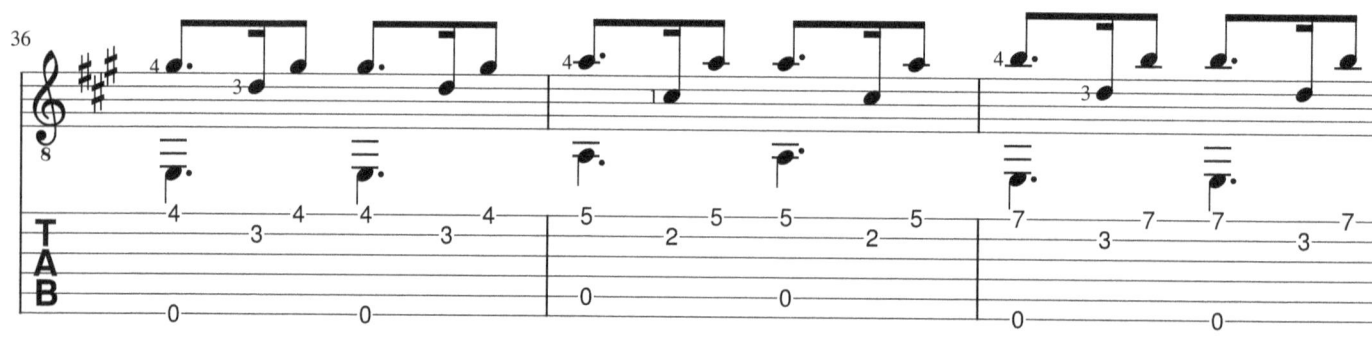

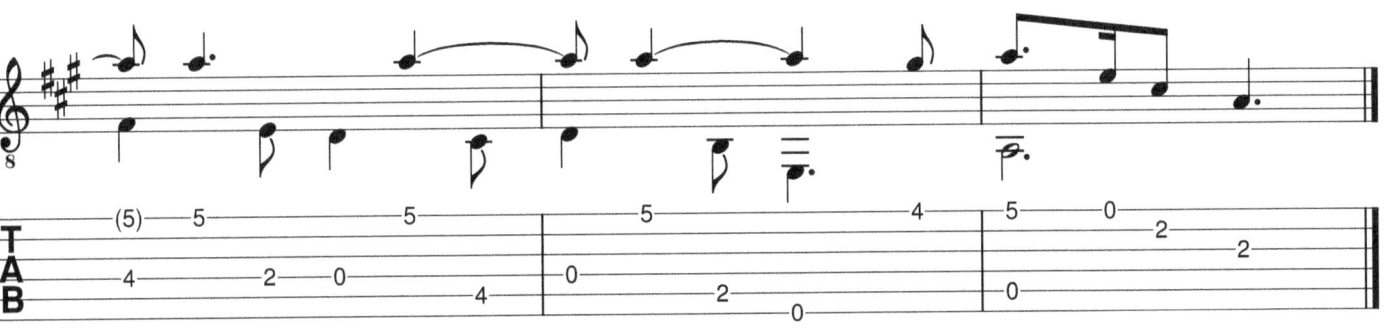

Bourrée - Suite in D minor

Robert de Visée (1650-1725)

Komponisten der Klassik

Ferdinando Carulli (1770-1841)

Ferdinando Carulli wurde am 10. Februar 1770 in Neapel, Italien, geboren. Carulli erhielt zunächst Cellounterricht, doch schon bald wandte er sich der Gitarre zu. Carulli war völlig Autodidakt, da es zu dieser Zeit in Neapel keine Gitarrenlehrer gab. Obwohl Carulli keinen formellen Gitarrenunterricht hatte, wurde er schnell als einer der führenden Virtuosen seiner Zeit bekannt.

Fernando Sor (1778-1839)

Fernando Sor war ein spanischer klassischer Gitarrist und Komponist. Er ist vor allem für seine Gitarrenkompositionen bekannt, komponierte aber auch Musik für Oper und Ballett und erhielt Anerkennung für sein Ballett mit dem Titel Cendrillon. Sors Werke für Gitarre reichen von Stücken für fortgeschrittene Spieler, wie Variationen über ein Thema von Mozart, bis hin zu Stücken für Anfänger.

Mauro Giuliani (1781-1829)

Mauro Giuliani war ein italienischer Gitarrist und Komponist und wird von vielen als einer der führenden Gitarrenvirtuosen des frühen 19. Jahrhunderts angesehen. Er war ein produktiver Komponist und schrieb über 150 Stücke für die Gitarre sowie viele Kammerkompositionen für Violine, Gesang, Flöte, Klavier und Kammerorchester.

Dionisio Aguado (1784-1849)

Dionisio Aguado war ein spanischer klassischer Gitarrist und Komponist. Er wurde in Madrid geboren und studierte bei Miguel Garcia. 1825 besuchte Aguado Paris, wo er Fernando Sor kennenlernte, mit dem er Freundschaft schloss und mit dem er zusammenlebte. Aguados Hauptwerk Escuela de Guitarra war ein 1825 veröffentlichtes Gitarren-Tutorial. Dionisio Aguado erlangte mit seiner Gitarrenschule, die noch heute im Druck ist, bleibenden Ruhm.

Anton Diabelli (1781-1858)

Anton (oder Antonio) Diabelli war ein österreichischer Musikverleger, Herausgeber und Komponist italienischer Herkunft. Am bekanntesten war er zu seiner Zeit als Verleger, heute ist er vor allem als Komponist des Walzers bekannt, auf dessen Grundlage Ludwig van Beethoven seine 33 Diabelli-Variationen schrieb.

Andante (1)

Ferdinando Carulli

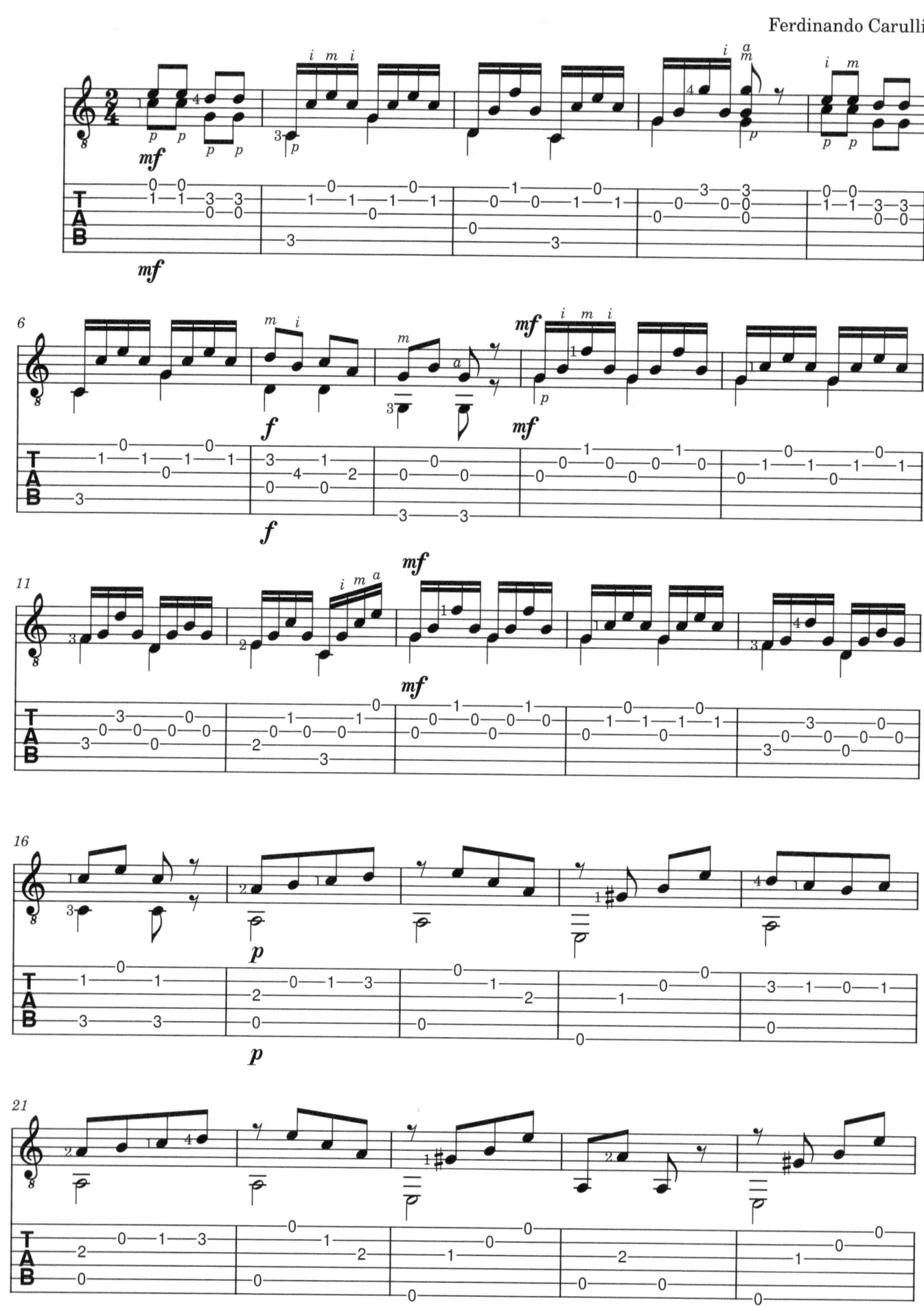

Andante (1) in C

Fernando Sor (1778-1839)

Andante (2)

Fernando Sor (1778-1839)

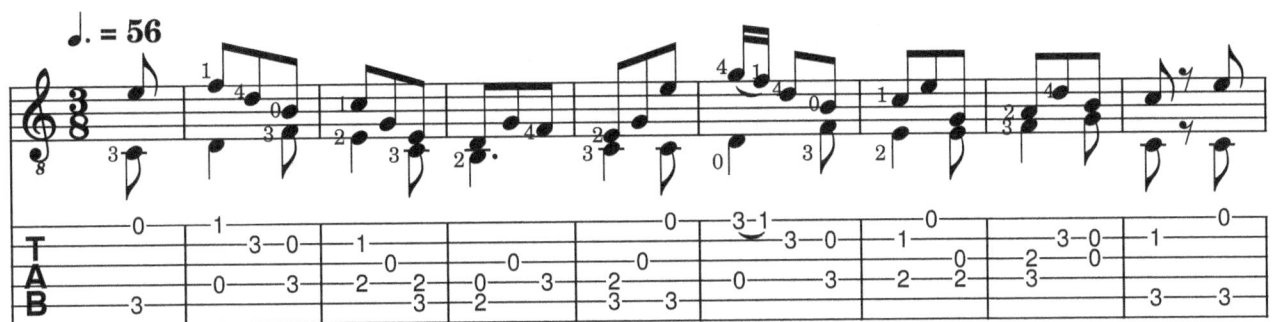

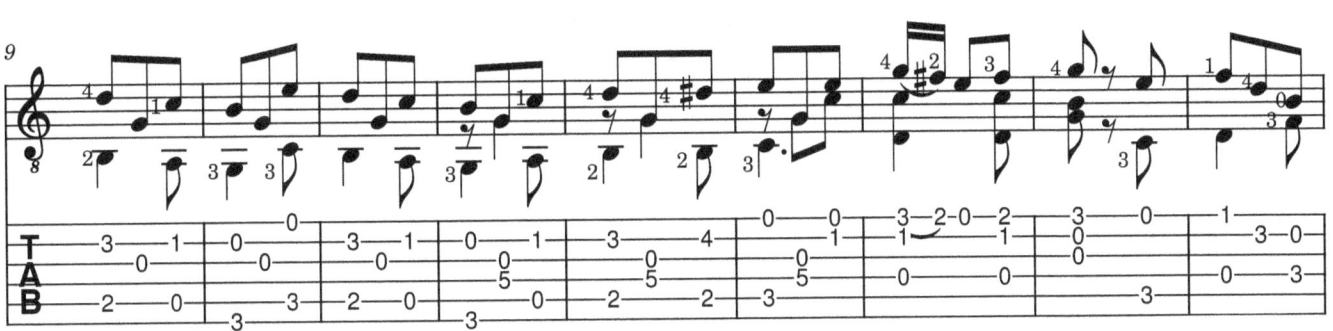

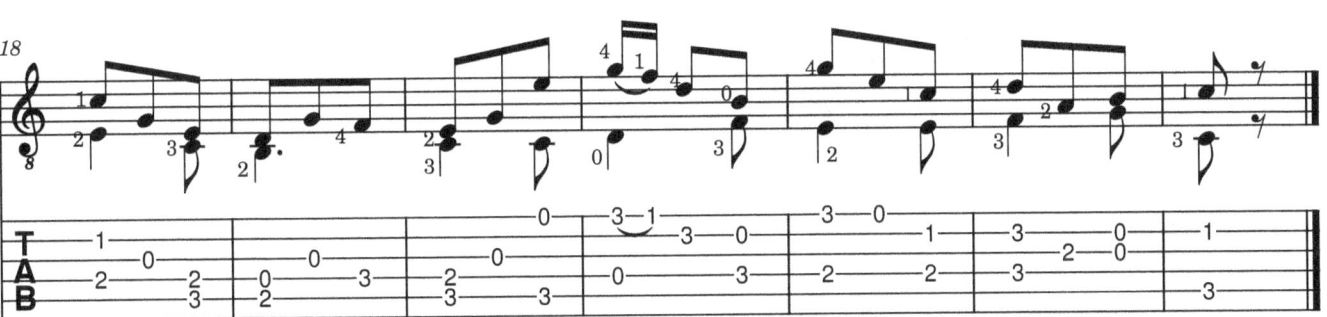

Andantino (1)

Ferdinando Carulli 1770-1841

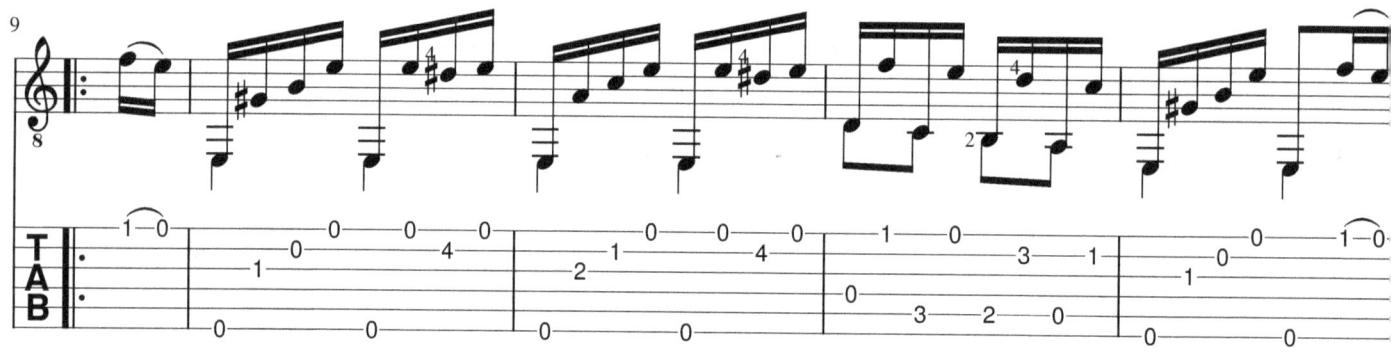

Andantino (2)

Ferdinando Carulli (1770-1841)

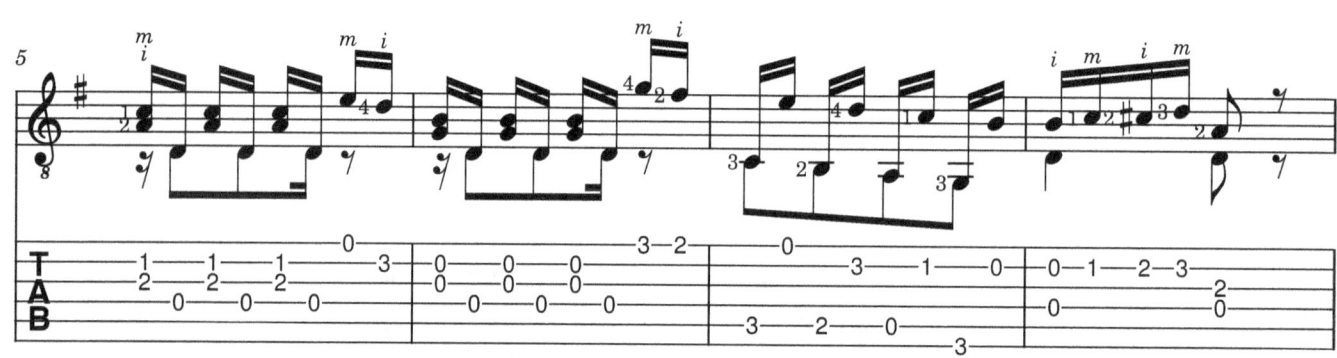

Ecossaise

Mauro Giuliani

Allegretto ♩ = 88

Allegro

Mauro Giuliani (1781-1829)

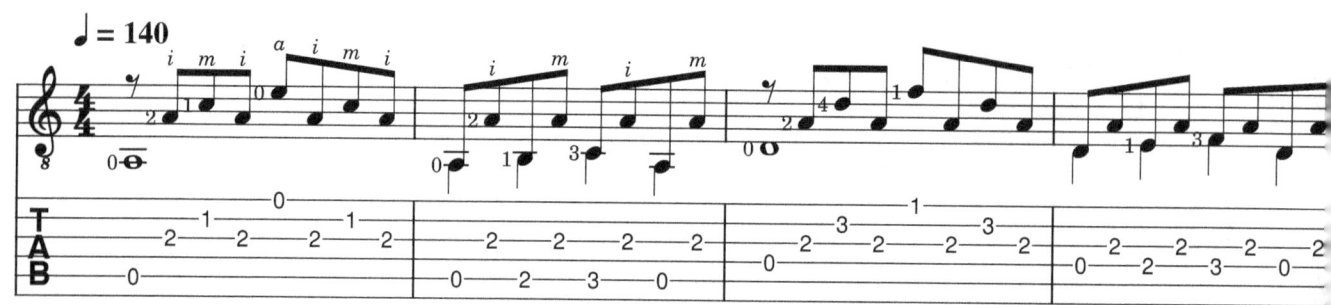

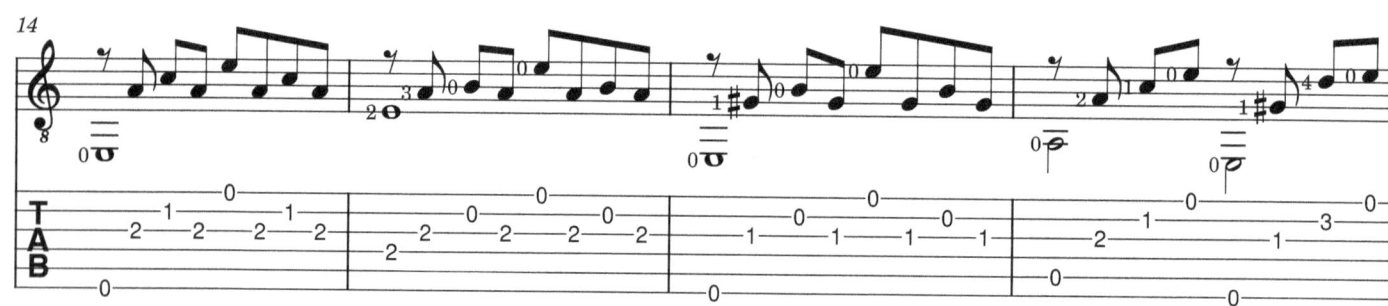

Etude A minor

Dionisio AGUADO (1784-1849)

Menuet in A minor

Dionisio Aguado (1784 - 1849)

Walz

Dionisio Aguado (1784 - 1849)

Waltz

Ferdinando Caru[lli]

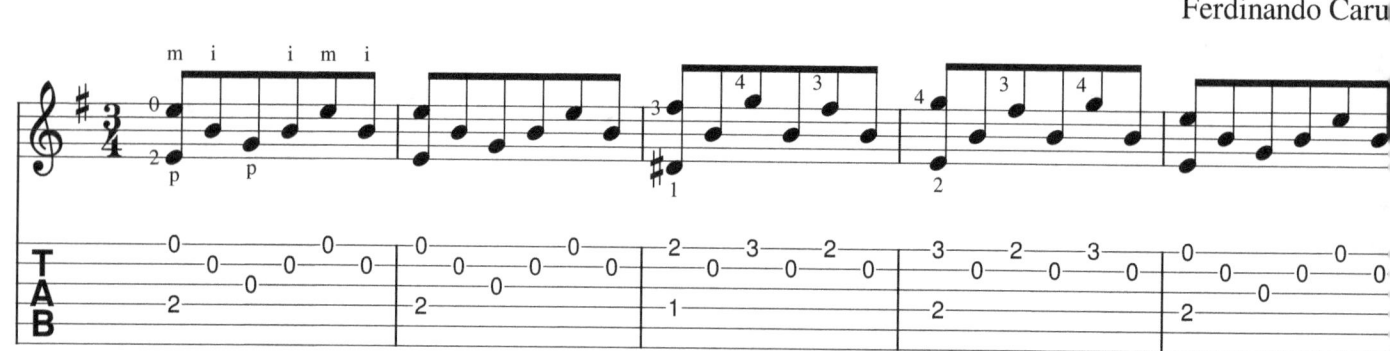

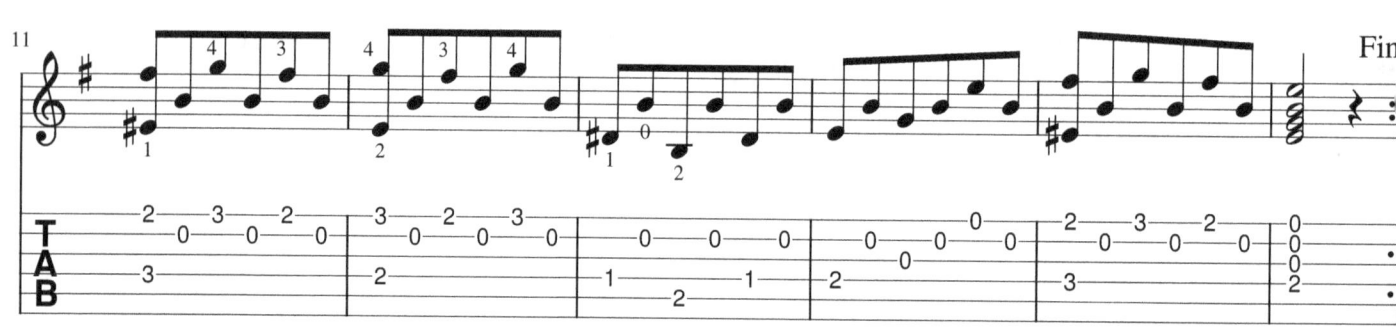

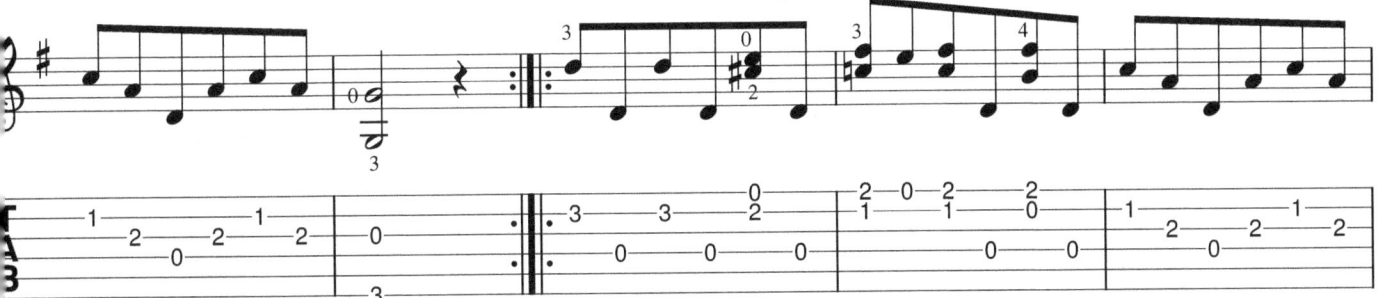

Moderato
op. 39, no. 15

Anton Diabelli (1781-185

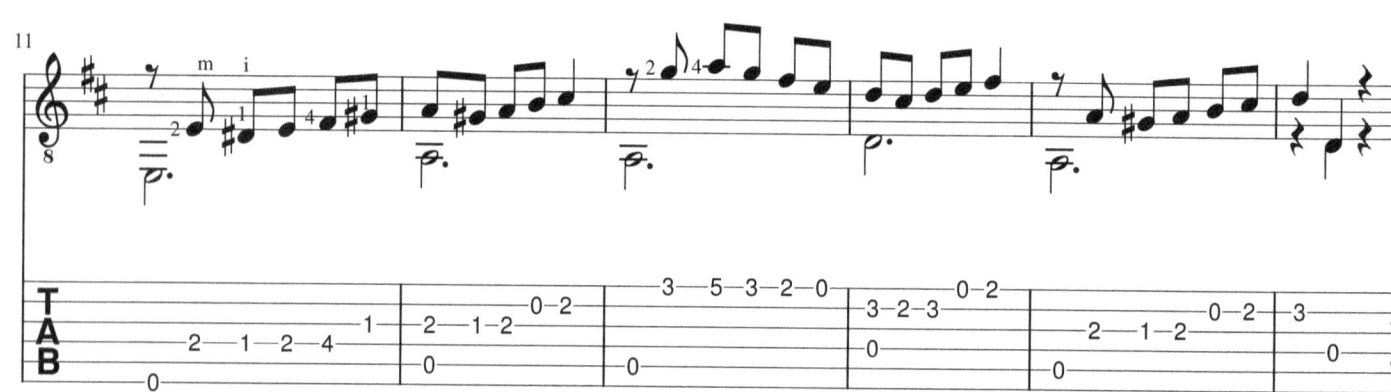

Andante (2)

Ferdinando Carulli (1770-1841)

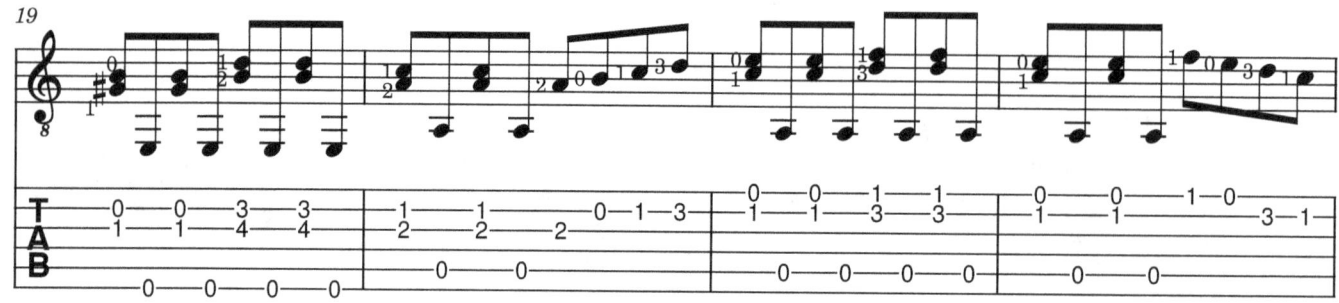

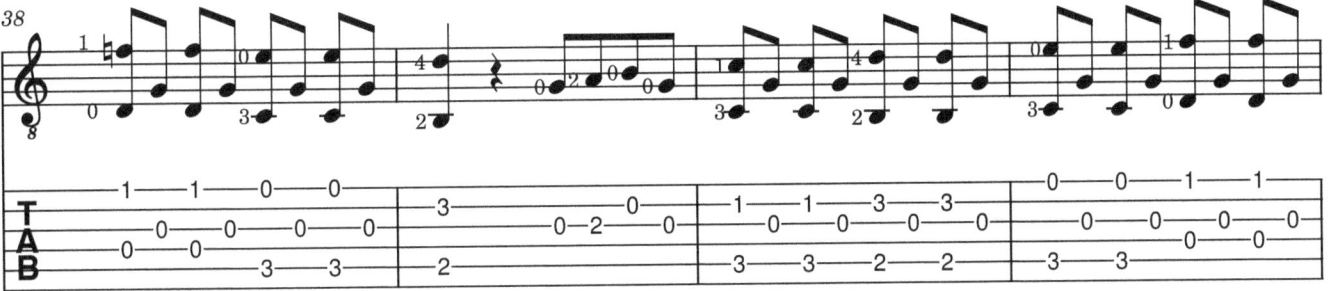

Etude No.9 op.35

Andante.

Fernando Sor (1778-1839)

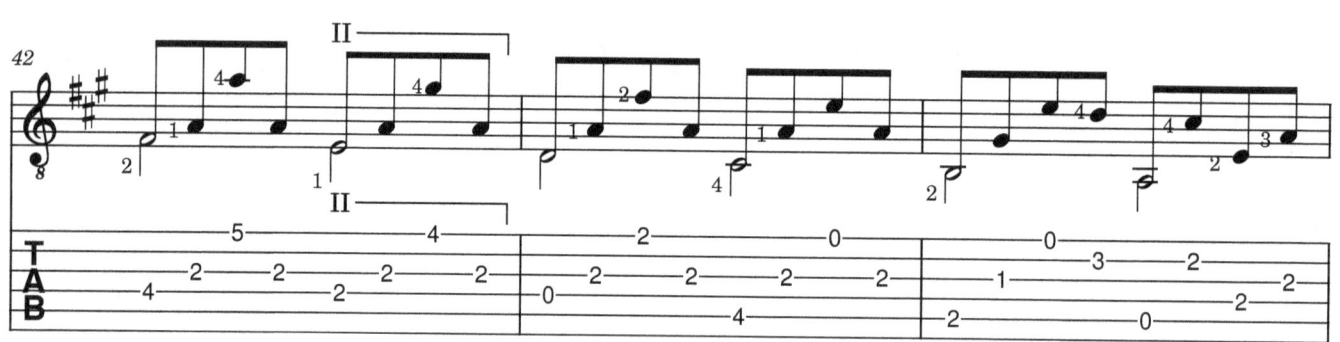
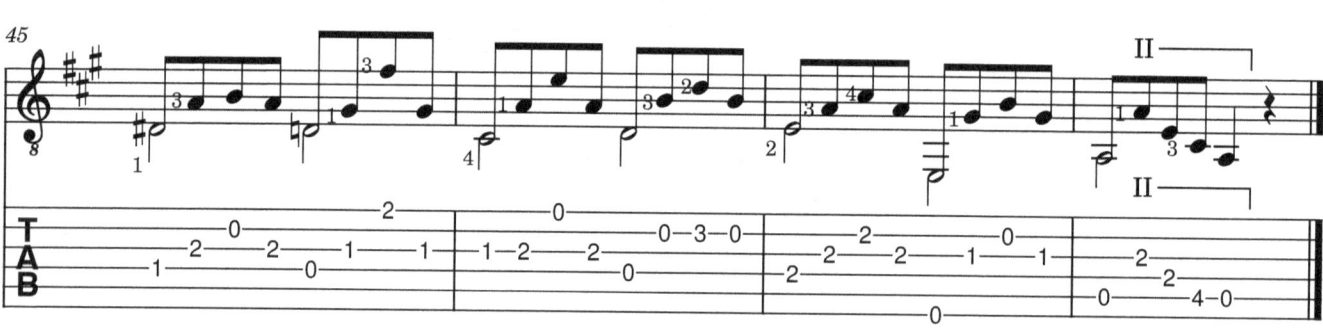

Komponisten der Romantik

Matteo Carcassi (1792-1853)

Matteo Carcassi war ein berühmter italienischer Gitarrist und Komponist. Carcassi begann mit dem Klavier, lernte aber schon als Kind Gitarre. Er erlangte schnell einen Ruf als virtuoser Konzertgitarrist. Carcassi schrieb eine Schule für Gitarre (op. 59), die nach wie vor wertvoll, relevant und interessant ist und technische Fähigkeiten und brillante romantische Musik vereint.

Johann Kaspar Mertz (1806-1856)

János Gáspár Mertz wurde in Pozsony im Königreich Ungarn, heute Bratislava (Slowakei), geboren. Als Virtuose erwarb er sich einen soliden Ruf als Interpret. Mertz' Gitarrenmusik orientierte sich eher an den pianistischen Vorbildern von Chopin, Mendelssohn, Schubert und Schumann als an den klassischen Vorbildern von Mozart und Haydn (wie Sor und Aguado) oder dem Belcanto-Stil von Rossini (wie Giuliani).

Napoleon Coste (1805 – 1883)

Napoleon ist Franzose und eine bedeutende Figur in der Gitarrenkomposition der Mitte des 19. Jahrhunderts. Napoleon wurde schon in sehr jungen Jahren von seiner Mutter unterrichtet. Napoleon wurde später Fernando Sors Schüler und etablierte sich schnell als führender französischer Gitarristenvirtuose. Napoleon ist der erste Komponist, der Gitarrenmusik des 17. Jahrhunderts in die Moderne übertrug.

Francisco Tarrega (1852-1909)

Tárrega gilt als der Grundsteinleger der klassischen Gitarre des 20. Jahrhunderts und des wachsenden Interesses an der Gitarre als Konzertinstrument. Tárrega bevorzugte kleine, intime Auftritte gegenüber der Konzertbühne. Manche glauben, dies liege daran, dass er ohne die für die Lautstärke nötigen Nägel spielte. Andere sagen, dies habe mit seinem Kindheitstrauma zu tun.

Diese Seite wurde absichtlich leer gelassen.

(um umständliches Umblättern zu vermeiden)

Allegretto

Matteo Carcassi (1796-1853)

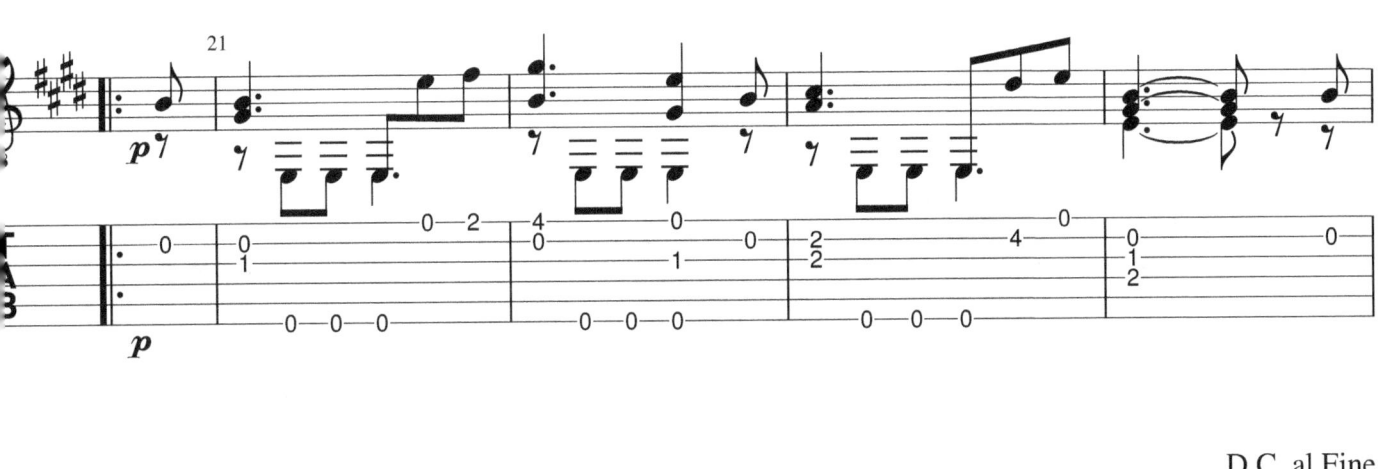

Allegretto

Matteo Carcassi (1796-1853)

ANDANTINO

Mateo Carcassi (1796-

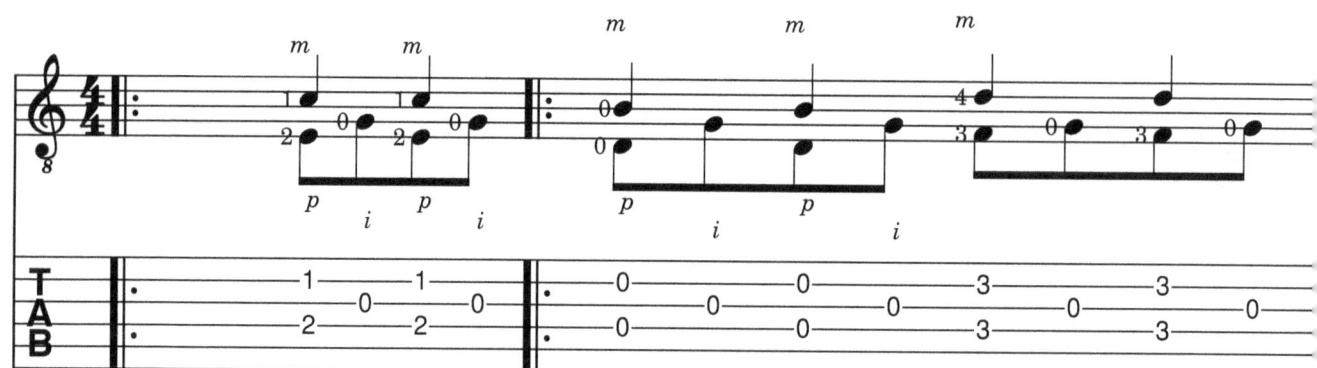
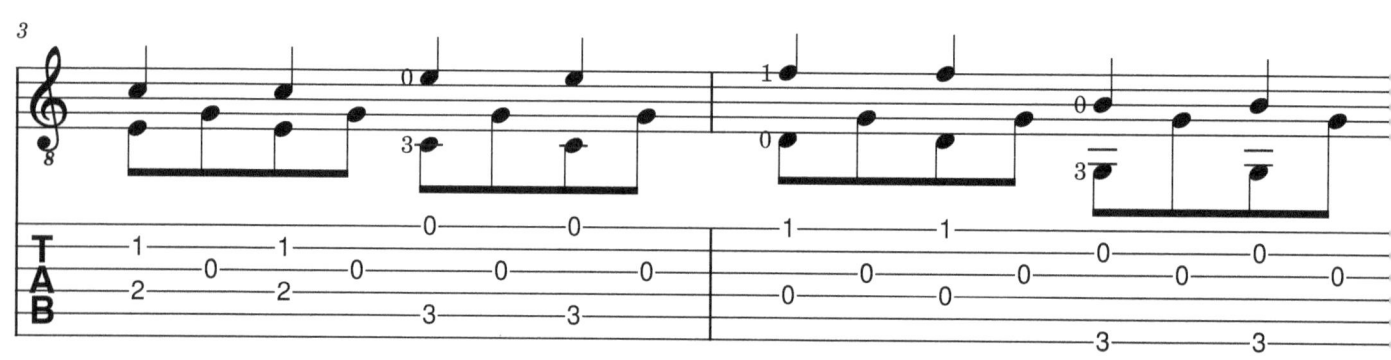
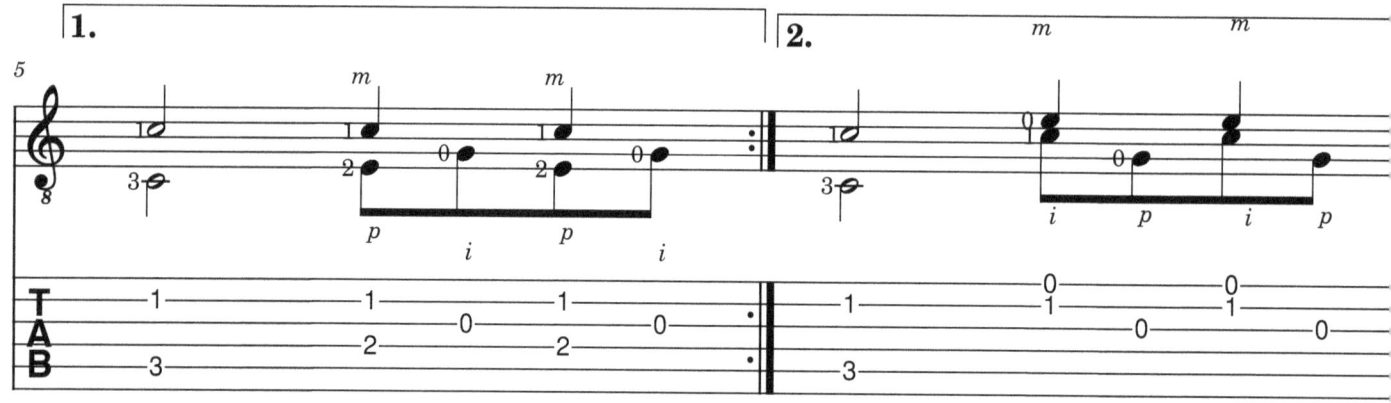

Study in A Minor

Napoleon Coste (1805-1883)

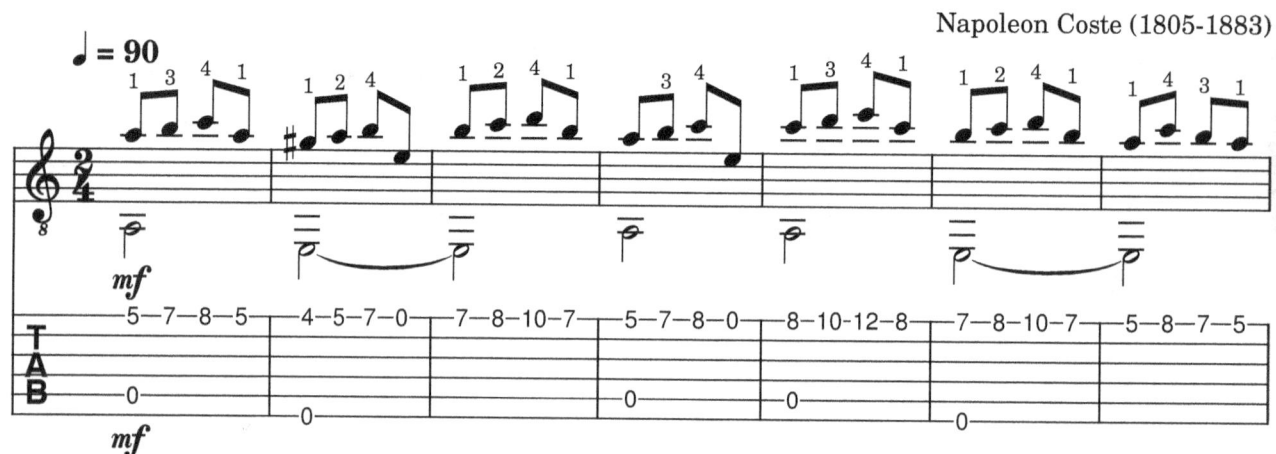

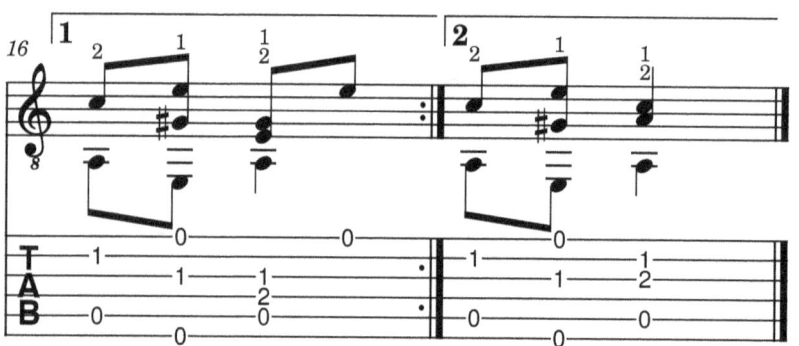

Etude

Francisco Tarrega (1852-1909)

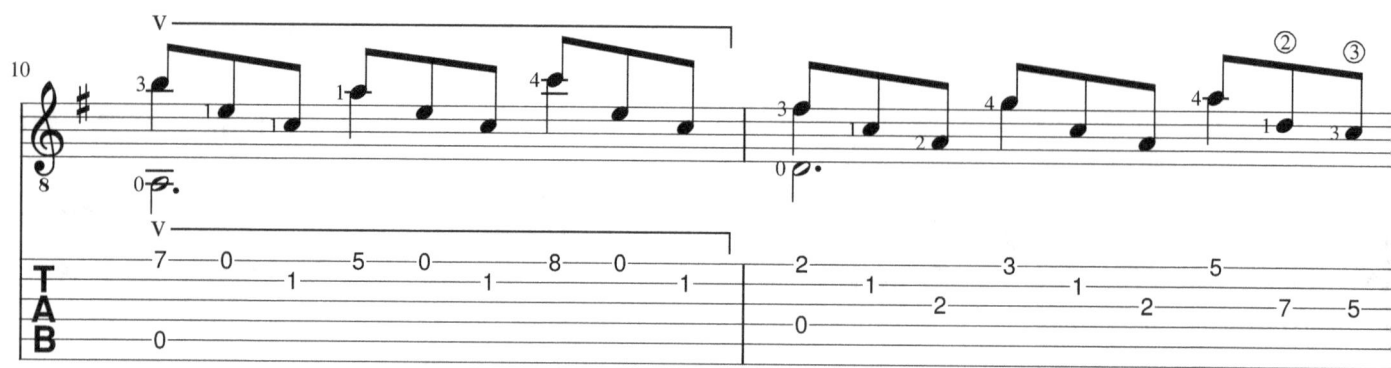
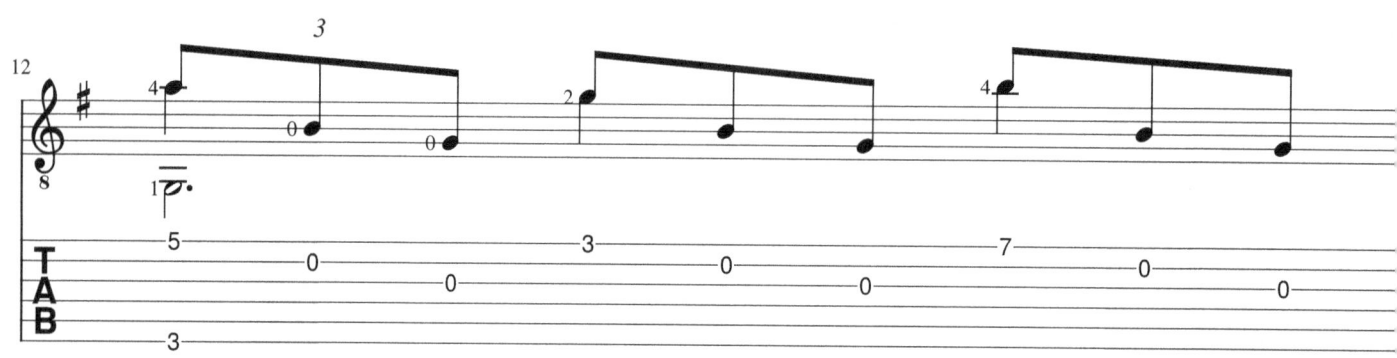

Etude in G

Johann Kaspar Mertz (1806 - 1856)

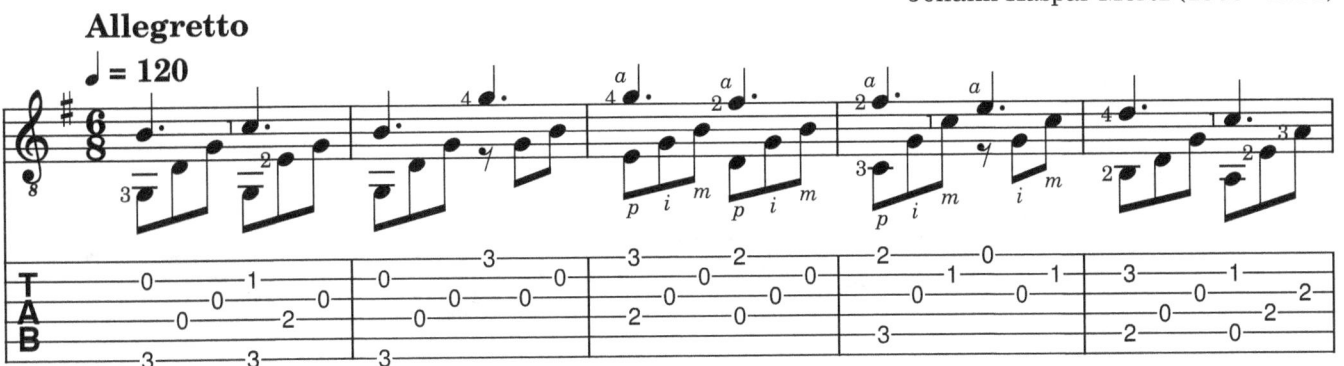

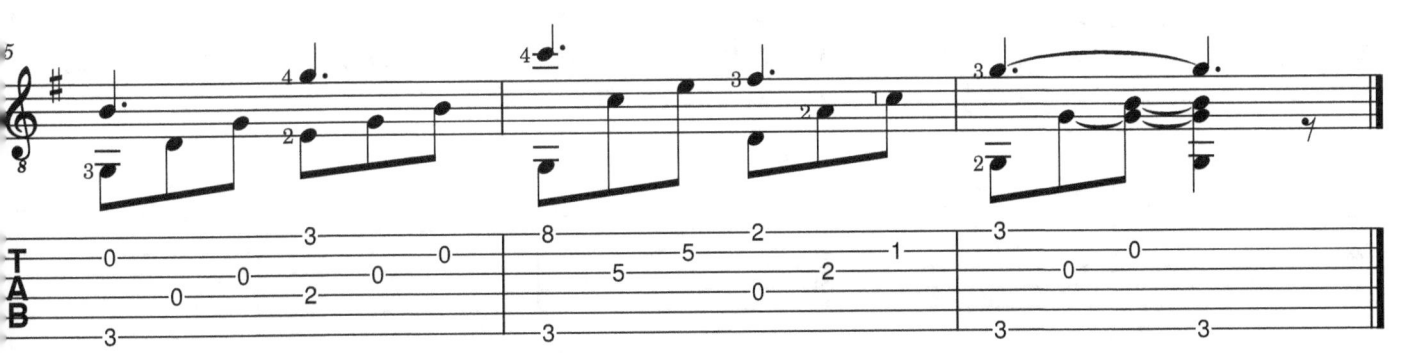

Ländler

Johann Kaspar Mertz (1806 - 1856)

Lagrima

Francisco Tarrega (1852-190)

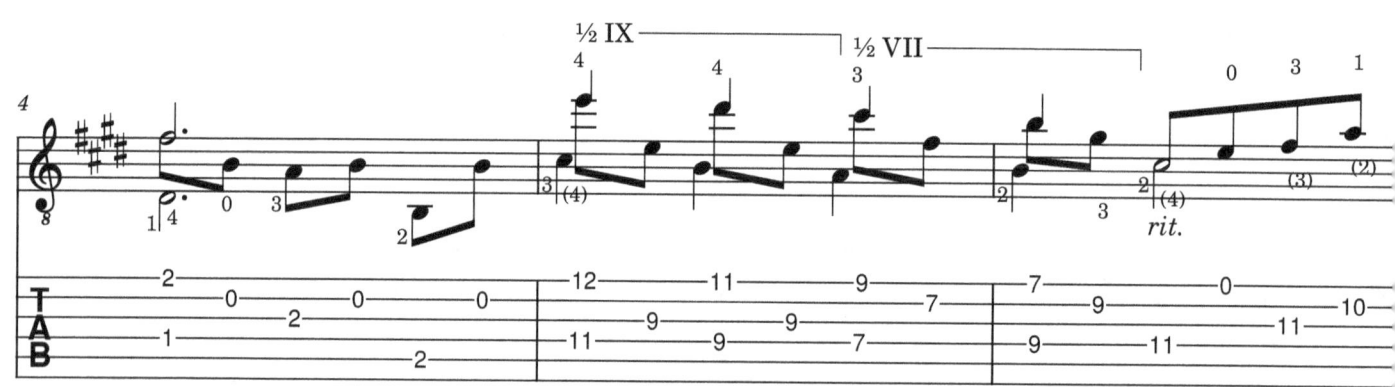

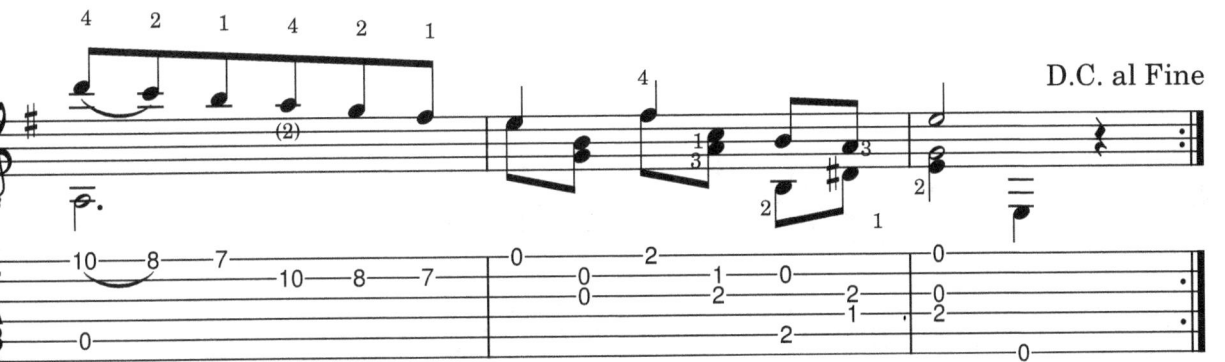

Pastoral

Matteo Carcassi (1796-18

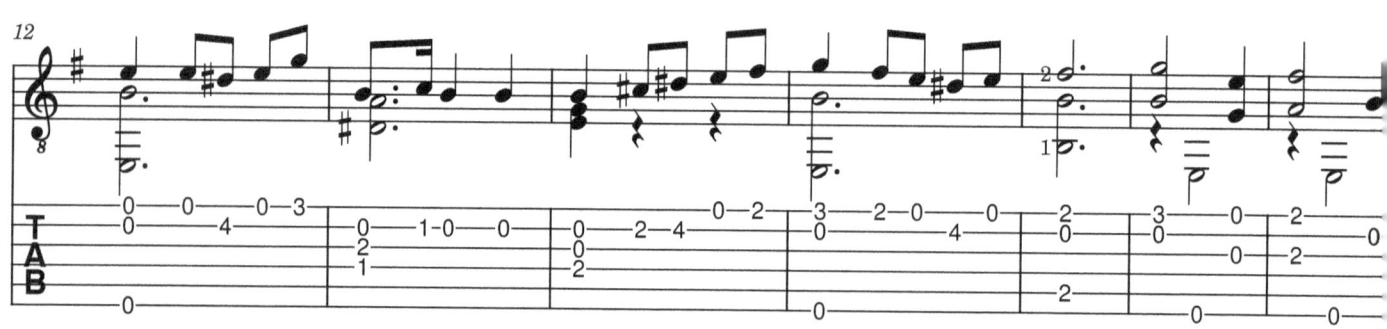

Romance

Johann Kaspar Mertz (1806 - 185

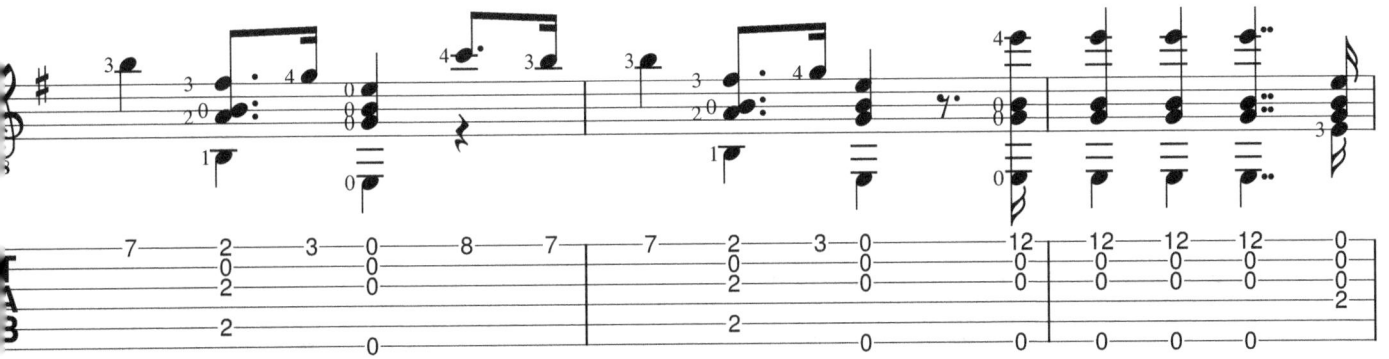

Study in A minor

Matteo Carcassi (1796 - 18..)

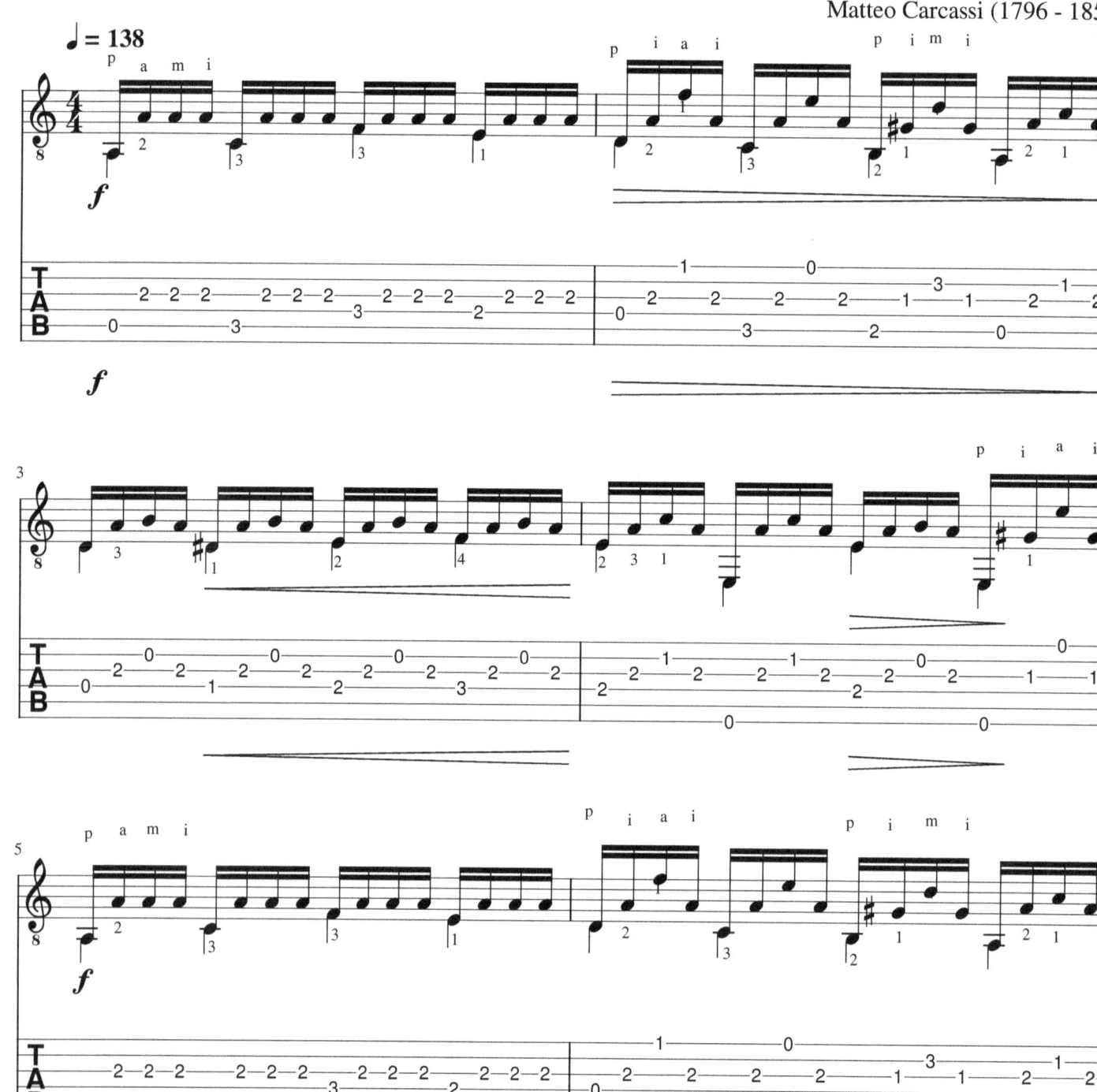

www.ingramcontent.com/pod-product-compliance
Lightning Source LLC
Chambersburg PA
CBHW081101070526
44583CB00018B/2511